Los primeros viajes escolares

El museo
de arte

por Cari Meister

Bullfrog Books

Ideas para padres y maestros

Bullfrog Books permite a los niños practicar la lectura de texto informacional desde el nivel principiante. Repeticiones, palabras conocidas y descripciones en las imágenes ayudan a los lectores principiantes.

Antes de leer

- Hablen acerca de las fotografías. ¿Qué representan para ellos?

- Consulten juntos el glosario de fotografías. Lean las palabras y hablen de ellas.

Lean en libro

- "Caminen" a través del libro y observen las fotografías. Deje que el niño haga preguntas. Señale las descripciones en las imágenes.

- Lea el libro al niño, o deje que él o ella lo lea independientemente.

Después de leer

- Inspire a que el niño piense más. Pregunte: ¿Alguna vez has ido a un museo de arte? ¿Qué tipo de arte fue el que mas te gusto?

Bullfrog Books are published by Jump!
5357 Penn Avenue South
Minneapolis, MN 55419
www.jumplibrary.com

Copyright © 2016 Jump! International copyright reserved in all countries. No part of this book may be reproduced in any form without written permission from the publisher.

Library of Congress Cataloging-in-Publication Data

Names: Meister, Cari, author.
Title: El museo de arte / por Cari Meister.
Other titles: Art museum. Spanish
Description: Minneapolis, Minnesota: Jump!, Inc., 2015. | Series: Los primeros viajes escolares | Includes index.
Identifiers: LCCN 2015043044 |
ISBN 9781620313312 (hardcover: alk. paper) |
ISBN 9781624963919 (ebook)
Subjects: LCSH: Art museums—Juvenile literature. | School field trips—Juvenile literature.
Classification: LCC N410.M39718 2015 |
DDC 708—dc23
LC record available at http://lccn.loc.gov/2015043044

Editor: Jenny Fretland VanVoorst
Series Designer: Ellen Huber
Book Designer: Lindaanne Donohoe
Photo Researcher: Lindaanne Donohoe
Translator: RAM Translations

Photo Credits: Brian VanVoorst/Heidi Ehalt, 3r; Capture Light/Shutterstock.com, 5; Corbis, 16–17; EQRoy/Shutterstock.com, 22tr; iStock, 4, 19; Jorg Hackemann/Shutterstock.com, 1; Popova Valeriya/Shutterstock.com, 3m, 6–7, 22tl, 22br; S-F/Shutterstock.com, 12–13; Shutterstock, cover, 10, 11, 18, 22bl, 23tl; Stefano Tinti/Shutterstock.com, 8–9; Thinkstock, 3l, 23tr; Tom Gowanlock/Shutterstock.com, 24; Yevgen Belich/Shutterstock.com, 14–15.

Printed in the United States of America at Corporate Graphics in North Mankato, Minnesota.

Tabla de contenido

Todo tipo de arte

¿A dónde se dirige la clase?

¡Al museo de arte!

Sue se presenta con la clase.

Ella es una guía.

Ella habla acerca del arte.

Algunas piezas
fueron hechas hace
mucho tiempo.

Algunas son
mas recientes.

En el cuarto de Japón, Pi encuentra un pergamino.

Ann observa
un juego de té.

¡Wow!

Mira cuantas estatuas.

13

Es un guerrero.

Es muy alta.

Esta hecha de mármol.

En el cuarto de pintar,
Al encuentra a una cara.

Tia observa a un pez.

18

El se pone una mascara.

¡Que día mas divertido!

En el museo de arte

pintura

escultura

mascara

guía

Glosario con fotografías

estatua
Representación de una persona la cual es esculpida o moldeada en materia sólida.

mármol
Piedra de cal la cual brilla al pulirse y se usa en arquitectura y escultura.

guerrero
Persona quien esta o ha estado en un conflicto armado.

pergamino
Rollo de papel o piel de animal usado como superficie para escribir y aplicar grabados.

Índice

Para aprender más

Aprender más es tan fácil como 1, 2, 3.

1) Visite www.factsurfer.com

2) Escriba "elmuseodearte" en la caja de búsqueda.

3) Haga clic en el botón "Surf" para obtener una lista de sitios web.

Con factsurfer.com, más información está a solo un clic de distancia.